BEI GRIN MACHT SICH IHR WISSEN BEZAHLT

AF156261

- Wir veröffentlichen Ihre Hausarbeit, Bachelor- und Masterarbeit

- Ihr eigenes eBook und Buch - weltweit in allen wichtigen Shops

- Verdienen Sie an jedem Verkauf

Jetzt bei www.GRIN.com hochladen und kostenlos publizieren

Vivien Lindner

Gedichtanalyse von Ferdinand Freiligraths "Hamlet"

GRIN Verlag

Bibliografische Information der Deutschen Nationalbibliothek:

Die Deutsche Bibliothek verzeichnet diese Publikation in der Deutschen National-
bibliografie; detaillierte bibliografische Daten sind im Internet über http://dnb.d-
nb.de/ abrufbar.

Impressum:

Copyright © 2010 GRIN Verlag GmbH
Druck und Bindung: Books on Demand GmbH, Norderstedt Germany
ISBN: 978-3-656-60289-7

Dieses Buch bei GRIN:

http://www.grin.com/de/e-book/269244/gedichtanalyse-von-ferdinand-freiligraths-
hamlet

GRIN - Your knowledge has value

Der GRIN Verlag publiziert seit 1998 wissenschaftliche Arbeiten von Studenten, Hochschullehrern und anderen Akademikern als eBook und gedrucktes Buch. Die Verlagswebsite www.grin.com ist die ideale Plattform zur Veröffentlichung von Hausarbeiten, Abschlussarbeiten, wissenschaftlichen Aufsätzen, Dissertationen und Fachbüchern.

Besuchen Sie uns im Internet:

http://www.grin.com/

http://www.facebook.com/grincom

http://www.twitter.com/grin_com

Technische Universität Dresden

Fakultät Sprach-, Literatur- und Kulturwissenschaften

„Einführung in die neue deutsche Literatur"

(Seminar, Wintersemester 09/10)

Gedichtsanalyse

Ferdinand Freiligrath: „Hamlet"

Hausarbeit von

Vivien Lindner

Ferdinand Freiligrath überträgt in seinem Gedicht „Hamlet" aus dem Jahr 1844 die politische Situation des zerrütteten Deutschlands auf Shakespeares Held Hamlet, dessen Schicksal beispielhaft für das Geschehen in Deutschland vorgeführt wird. Hamlets Charakter wird von dem lyrischen Ich mit einem gesamten Land und seinem Volk gleichgesetzt, um anhand der mannigfaltigen Parallelen auch eine Schlussfolgerung auf das drohende Schicksal zu ziehen, und als einzig mögliche Konsequenz zur Revolution aufzurufen. Ferdinand Freiligrath als Vertreter der Vormärz-Dichtung politisiert und instrumentalisiert die Lyrik: Dichtung besitzt für ihn und seine Zeitgenossen Sinn und Ziel, welche mit größtmöglicher Wirkung hervorgebracht werden sollen, was zahlreiche Stilmittel und die teils pathetisch, teils provokative Wortwahl verdeutlichen.

Das neunstrophige Gedicht steht in einem vierhebigen Jambus, welcher den drängenden, fortschreitenden Charakter der Vormärzliteratur zur Geltung bringt. Die acht Verse jeder Strophe ordnen sich in zwei Kreuzreime, auch hier herrscht bei den Kadenzen eine strikte Regelmäßigkeit. So besteht der erste Reim stets aus männlichen Kadenzen, im zweiten Reim folgen die Versenden dem Reimschema: m-w-m-w.

Das zentrale handelnde Subjekt ist Hamlet, die Personifikation Deutschlands, genauer gesagt des deutschen Volkes. Hamlet verkörpert mit seinen Eigenschaften und fiktiven Taten den Prototyp des Deutschen zur Zeit des Vormärz, sein Schicksal wird mit dem Deutschlands gleichgesetzt. Das stilisierte Bild des Deutschen als Dichter und Denker wird in seinem Werden und Sein parallel der Geschichte Hamlets erläutert, jedes Geschehen in Shakespeares Drama findet ein entsprechendes Beispiel in der deutschen Wirklichkeit. So spricht das lyrische Ich, welches sich später zu erkennen gibt, schon in der einleitenden Apostrophe des ersten Verses aus, was mit jeder weiteren Strophe weiter erläutert wird: „Deutschland ist Hamlet!" (V. 1).

Hamlet als Personifikation selbst, folgend meist mit „er" benannt, ist ebenso ein Sinnbild des deutschen Studenten, was an der örtlichen Zuordnung klar erkennbar ist: „Er stak zu lang in Wittenberg, Im Hörsaal oder in den Schenken" (V. 23/24). Seine herausragenden Eigenschaften sind vor allem Unentschlossenheit („Er sinnt und träumt und weiß nicht Rat" V. 13), durch einen Parallelismus hervorgehobene Feigheit („Zu einer frischen, mutgen Tat fehlt ihm die frische, mutge Seele!" V. 16) und Reflektion ohne Konsequenzen: „Sein bestes Tun ist eben Denken"(V. 22). Aus Hamlets persönlichem Zwiespalt zwischen Wort und Tat, Vision und Realität wird ein nationales Problem, welches Philosophie und Durchsetzung der Revolution einander gegenüberstellt, und sich dabei aufpeitschender Bilder bedient. Kennzeichnend ist hierbei die in jeder Strophe mehrmals vorkommende Apostrophe: Ausrufe als provokative Feststellung („Und streckt ihn selbst zu Boden nur!" V. 44) oder Aufforderung: „Sei mir ein Rächer, zieh dein Schwert!" (V. 7). Die drängende, bewegte Sprache wird unterstrichen durch zahlreiche Alliterationen, welche die vermittelte Botschaft auch akustisch verstärken: „blank bewehrt" (V. 5), „lag und las" (V. 18), „Zaudrer, der noch zweifelt [...] zieh dein Schwert!" (V. 6/7). Zahlreiche Wortwiederholungen zählen die negativen Eigenschaften des Studenten auf: „Zu kurz von Atem und zu fett. Er spann zu viel..." (V. 20-21). Eng aufeinander folgende Anaphern („Er lag [...] Er wurde [...] Er spann [...] Er stak [...]" V. 18-23) und der Binnen-reim („stellt sich toll, hält Monologe [...] seinen Groll" V. 26-28) nennen spöttisch die vielen kleinen, vom lyrischen Ich jedoch als unsinnig dargestellten Tätigkeiten, da sie keinerlei Er-gebnis mit sich bringen: „Doch eine Tat? Behüte Gott!" (V. 39).

Hamlet als Allegorie der Deutschen zeigt das Dilemma von Wort und Tat, indem „er" sich in eine Welt der Ideale flüchtet, und alle Taten nur auf geistiger Ebene ausführt: er reflektiert, wägt ab, überlegt, dichtet „Und bringt in Verse seinen Groll" (V. 28), und folgt dabei bis zur Perfektion den in Deutschland bislang geltenden Werten und Tugenden. Dass diese jedoch überholt sind, zeigt das Schicksal des Hamlets deutlich: während dieser zweifelt und keine Tat vollbringt, rückt das norwegische Heer ein, und übernimmt das Reich nach seinem Tod. Hamlets Schicksal wird beispielhaft vorgeführt, greift jede Parallele zum tatsächlichen Deutschland auf, und verbindet damit das deutsche Volk untrennbar mit der Figur Hamlets. So ist von der Wortneuschöpfung „geflickten Lumpenkön'gen"(V. 38) die Rede, eine direkte Anspielung auf die absolutistischen Monarchen in einem zerrütteten, ungeeinten Reich, und die Figur des Polonius verschmilzt mit August von Kotzebue – beide zwar obrigkeitstreu und in gewissem Sinne ‚Verräter', aber keineswegs das eigentliche, zu beseitigende Ziel. Das Bild Hamlets – und damit auch des Deutschen – wird ein Negativbeispiel, ein Held der Worte, den das lyrische Ich, welches vermutlich identisch mit dem Verfasser Freiligrath ist, immer wie-der provoziert und zum Handeln auffordert.

Sechs Strophen lang wird die Figur Hamlets mit Deutschland gleichgesetzt, selbst ‚Staffage', wie die „Männer auf der Wacht" (V. 4) übernommen, und aus dem Gespenst des ermordeten Königs eine personifizierte Freiheit erschaffen, welche schon zu Beginn der ersten Strophe sprechendes Organ für die Intention des Dichters wird. Die „begrabne Freiheit" (V. 3), welche auch in Deutschland umgeht, spricht durch Hamlet auch den (damaligen) Leser an, und for-dert ihn zur Revolution auf: „Sei mir ein Rächer, zieh dein Schwert!" (V. 7). Das Gift ist da-bei als Metapher der auditiv vermittelten, schleichenden und heimlichen Lüge zu verstehen. Die Aufforderung an den Leser: ‚zögere nicht – handle!' findet ihren Höhepunkt im Ende des sechsten Aktes. Hamlets Schicksal wird mit steigender Geschwindigkeit erzählt, Enjambe-

ments („die sein Haß/preisgab der Schmach", „und Fortinbras/rückt klirrend ein" V.45-48)
verbinden die einzelnen Verse zu einem langen, atemlosen Satz, welcher in einem Gedanken-
strich gipfelt, und inne halten lässt.

Das bisher gleich verlaufende fiktive und reale Geschehen soll von hier an nicht eins werden,
fordert das lyrische Ich auf, und spricht den Leser erstmalig direkt an: „Gib acht, Held" (V.
51). Fortinbras' Einmarsch steht allegorisch für die Übernahme des geschwächten Landes
durch ein anderes; welches, ist sowohl für den damaligen Leser, als auch für das lyrische Ich
nicht fraglich: „ich zweifle sehr/Ob diesmal es aus Norweg käme!" (V. 63-64). Der Verräter
Laertes handelt mit „französischem Rapier"(V. 59), und zeigt damit eindeutig, von welcher
Seite aus die Gefahr droht. Der Augenblick des politischen Handelns ist fast versäumt, warnt
das lyrische Ich, indem es dem politischen Geschehnissen den vierten von fünf Akten zukom-
men lässt, und prophezeit in seiner Anspielung auf Hamlet ein nur allzu gefürchtetes Ende, in-
sofern nicht endlich auf Worte Taten folgen.

„Noch ist es Zeit, drein mit dem Schwert" (V. 58) fordert das lyrische Ich auf, das Schwert
steht synekdotisch für die gesamte Revolution, es häufen sich direkte Anreden und Ausrufe
zur Verdeutlichung der politischen Intention. „Denk an den Schwur, dem du getan" (V. 67),
spricht das lyrische Ich über die Figur Hamlets den Leser an, und erinnert an Treue und
Pflichtgefühl gegenüber dem Vaterland. Rache ist gefordert, an Stelle „deines Vaters Geist" -
einem doppeldeutigem Symbol: dem Geist des Vaterlandes, also den zeitgemäß geforderten
Werten Brüderlichkeit, Einigkeit und Gleichheit, sowie dem zu Beginn genannten Geist, der
begrabenen Freiheit, welche es nun zu befreien gilt. Die logische Entwicklung des Gedichtes
mündet in der Revolution als einzige Konsequenz.

Die letzten drei Verse jedoch sind Selbstreflektion des lyrischen Ichs, welches nun seine Iden-
tität preisgibt, und zugibt, „selbst ein Stück von dir", also Deutschlands Volk zu sein. Die pa-
thetischen Aufrufe verklingen, und lassen das lyrische Ich plötzlich so unsicher und zweifelnd
erscheinen wie die negativ konnotierte Figur Hamlets, die es eben noch aufs Schärfste ange-
griffen hatte. Die Kritik am untätigen Deutschland wird auf das lyrische Ich ausgeweitet, es
bezieht sich selbst als Teil des „Zauderer[s] und Säumer[s]" (V. 72) mit ein, und schafft damit
eine Brücke zwischen Literatur und Wirklichkeit. Die Kritik des Dichters erscheint gerecht-
fertigter, sie wird auf ausnahmslos alle übertragen, und kennzeichnet auch den Dichter als
Mann des Wortes, welcher Mann der Tat und des Volkes werden soll – und möglicherweise
auch wird. Als ‚Mund und Arm' des Volkes löst sich der Dichter aus dem elitären Autoren-
stand und erfüllt seine eigene Forderung mit dem Selbstverständnis des politischen Agitators.